Pierres et cristaux

Avertissement

L'ensemble des informations contenues dans cet ouvrage ne sauraient remplacer un avis médical. Veuillez consulter votre médecin ou votre pharmacien avant toute utilisation des minéraux.

Dépôt légal : janvier 2022
Numéro d'édition : SR00050 (R22004)
ISBN : 978-2-3824-0005-0
www.secretdetoiles.com

Margerie Dachelet

Mes rituels magiques

Pierres et cristaux

Secret d'étoiles

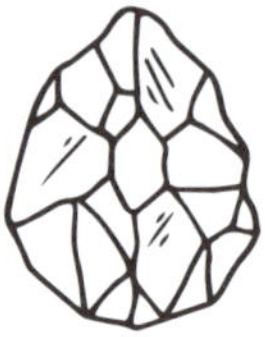

Sommaire

CHAPITRE 3

ACCOMPAGNER NOS ÉMOTIONS ET ÉVOLUER GRÂCE AUX PIERRES

Introduction

La lithothérapie, une approche de l'énergétique par les pierres

Si la lithothérapie peut être abordée de différentes façons (physique, émotionnelle, spirituelle, intuitive ou méthodique), toutes visent un but commun : être au service des êtres vivants pour les accompagner dans leur évolution. Beaucoup de personnes sont encore sceptiques et moqueuses en ce qui concerne le domaine de l'énergétique et des thérapies alternatives, cependant, l'important n'est pas ce qu'en pensent les autres, mais plutôt l'expérience que nous pouvons en faire. Nous appréhendons un domaine de l'ordre du ressenti subtil, qui ne peut être pour le moment mesuré ou vérifié par la science. Cela ne fait pas pour autant de la lithothérapie une fable. Bien menée, elle peut vous aider à grandir et à améliorer les maux du quotidien. Sans perdre de vue la racine de vos problèmes (pour ne pas vous contenter de panser les plaies), elle permet aussi de mieux vous connaître et de développer votre intuition. Au-delà de l'aspect marketing qu'il peut aujourd'hui y avoir autour, les pierres sont des outils de transformation merveilleux.

Dans ce livre, je vous offre mon expérience et ma vision d'une passion devenue mon métier. Elle m'anime depuis l'enfance et me guide chaque jour dans ma vie privée et professionnelle. En tant que thérapeute, j'ai à cœur d'accompagner les gens dans leur évolution personnelle, et j'espère que cet ouvrage y contribuera un peu.

Margerie Dachelet

Découvrir *l'univers fascinant des minéraux*

De nos jours, les pierres sont disponibles un peu partout dans les magasins et sur Internet. Elles sont même devenues tendance, à l'instar de tout l'univers du bien-être et des médecines alternatives. Et c'est une bonne chose ! Nous avons besoin d'être doux envers nous-mêmes et de nous reconnecter à la nature. Mais attention, qui dit mode et objets dans l'air du temps dit souvent commerce à grande échelle, au risque de dénaturer les minéraux et de nous faire oublier leur caractère sacré. Reprenons donc depuis le début, en partant à la découverte de leur histoire et de leur composition.

1

L'origine des minéraux

**Montées en bijoux, roulées et taillées dans diverses formes, les pierres sont devenues de véritables produits de consommation.
On en oublierait presque qu'elles datent d'au moins 4 milliards d'années.**

Depuis la nuit des temps

Le saviez-vous ?
Les minéraux purs, comme le mercure, l'or ou le cuivre, sont aussi appelés « natifs ».

Dans leur forme pure, les minéraux sont présents depuis la naissance de notre planète. Ils se sont associés, puis transformés, pour finalement devenir des roches, et les pierres que nous connaissons.
La Terre est issue d'un nuage de gaz et de poussières, puis elle s'est changée en une boule de matière en fusion. Et c'est en refroidissant en surface qu'elle a permis la formation de la croûte terrestre. La vie s'y est développée, mais au-dessous se trouve encore le magma en fusion, toujours en mouvement, qui remonte parfois à la surface et crée des poches et des cavités souterraines.

La Terre est vivante et ne cesse de bouger, non seulement sur elle-même, comme nous le savons, mais aussi en son cœur et à sa surface. Les volcans entrent en éruption, les mers et les vents se déchaînent, les plaques tectoniques se déplacent, la pluie tombe, le gel sévit... telle une danse qui ne s'arrête jamais. Les pierres sont le résultat de toutes ces interactions physiques. Elles sont la concrétisation du potentiel de notre planète. Gardons en mémoire que les minéraux sont partout ! Dans notre corps, par exemple : nous avons besoin de calcium, de fer, de magnésium et d'une multitude d'autres minéraux pour vivre en bonne santé. Ils sont également présents dans l'espace : chaque étoile, chaque planète en est composée.

Les pierres naissent au fond des mers et dans les entrailles de la Terre. La moldavite, par exemple, s'est formée suite à l'impact d'une météorite sur notre planète. Les pierres sont intrinsèquement liées aux éléments, régies par le feu, l'eau, l'air et la terre, et contiennent elles-mêmes souvent de l'eau, comme les opales, ou de l'oxygène, comme les quartz. N'est-ce pas merveilleux ?

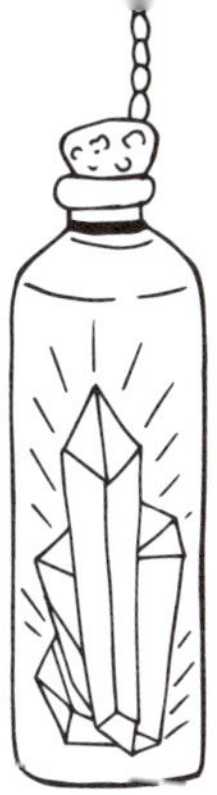

☆ Les différentes formations

Les pierres ne naissent pas toutes de la même manière. On dit qu'elles sont issues de trois formations principales, intéressantes à connaître pour comprendre d'où vient leur potentiel.

- **La formation magmatique** est liée aux mouvements souterrains du magma et aux phénomènes volcaniques. L'obsidienne, par exemple, n'est rien d'autre que de la lave qui a refroidi si vite qu'elle s'est figée sans structure cristalline interne. C'est ce qui lui donne cet aspect vitreux et lisse.
- **La formation sédimentaire** est née de l'érosion des roches par l'eau, la glace et le vent. Les sédiments sont alors transportés au fond de la mer par des cours d'eau, puis s'associent pour former des pierres. La malachite, l'agate ou encore le jaspe font partie de cette catégorie.
- **La formation métamorphique** provient des profondeurs de la Terre. Les minéraux sont transformés par les pressions souterraines et les températures extrêmes de la croûte terrestre. C'est le cas du grenat, de la rhodonite ou encore du lapis-lazuli.

En lithothérapie, on peut considérer que ces différentes catégories de pierres ont un domaine d'action propre, lié à leur durée de formation et à leurs conditions de formation. Par exemple, une pierre a-t-elle mis du temps à se constituer ? Si elle s'est cristallisée, comment le processus s'est-il effectué ? Tous ces éléments influencent sa signature énergétique et auront des impacts variés sur nous.

Le saviez-vous ?

Certaines pierres, selon les gisements, peuvent se former de plusieurs façons. Par exemple, l'hématite peut être magmatique ou métamorphique.

Notes

2

La structure des minéraux : compositions, couleurs, formes

Pour un professionnel de la lithothérapie, il est primordial de posséder des notions de minéralogie. Au-delà de l'approche intuitive, se référer à la structure des pierres apporte de nombreuses informations, qui ont des répercussions sur leurs applications énergétiques. L'amateur, lui, aura tout à gagner à se renseigner un peu aussi, ne serait-ce que pour ne pas abîmer ses pierres. Effectivement, selon leur composition, certaines ne supportent pas l'eau, l'exposition au soleil ou même au sel. Examinons tout cela de plus près.

La composition

Rappel

Les éléments chimiques d'une pierre influencent la signature énergétique de celle-ci.

Tout est fait d'atomes sur notre Terre et dans l'Univers. Les minéraux peuvent être purs, c'est-à-dire composés d'un seul type d'atome, ou bien composites, en d'autres termes, constitués de plusieurs atomes. Par exemple, le diamant incolore est uniquement formé d'atomes de carbone (C). Il est donc natif. Le quartz (cristal de roche) est, lui, composite, il est constitué d'un atome de silicium (Si) et de deux atomes d'oxygène (O). La bonne nouvelle, c'est qu'il ne s'agit pas de tout apprendre par cœur, mais de prendre conscience que la composition chimique d'une pierre contribue à son influence énergétique. Dans tout bon dictionnaire de lithothérapie, la formule chimique des pierres est indiquée, et si le sujet vous intéresse, vous pouvez consulter le tableau périodique des éléments (disponible sur Internet) pour la décrypter.

Une autre chose importante à savoir, c'est qu'au contact de votre peau les éléments chimiques de la pierre ne pénètrent pas dans votre organisme. Heureusement, d'ailleurs, car certains d'entre eux pourraient se révéler très néfastes pour la santé. Certains lithothérapeutes affirment pourtant le contraire, mais pas d'inquiétude, la peau forme bien une barrière protectrice qui empêche ce phénomène. C'est scientifique. En revanche, soyez prudent lors de la préparation de vos élixirs. En laissant une pierre transférer son énergie dans de l'eau durant plusieurs heures, il y a également risque de transfert des éléments chimiques. Si vous n'êtes pas sûr de vous, sachez que toutes les pierres de la famille des quartz (améthyste, quartz fumé, citrine, quartz rose...) sont sans danger pour les élixirs.

Ce sont aussi ces éléments chimiques qui vont donner leurs couleurs aux pierres. Par exemple, la citrine est un quartz (à l'origine incolore) qui est devenu jaune par la présence d'inclusions de fer. Et, sur le plan énergétique, le fer apporte du dynamisme. Il stimule, il renforce. Ce qui fait de la citrine une partenaire idéale pour retrouver de l'optimisme et du courage.

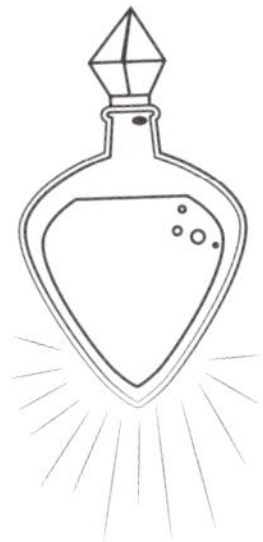

Le saviez-vous ?

L'élément natif mercure, anciennement utilisé sous sa forme liquide dans les thermomètres, est très toxique pour notre santé.

☆ L'influence des couleurs

Le saviez-vous ?
Certaines pierres peuvent changer de couleur selon l'angle d'observation. On appelle cela le « pléochroïsme ».

Le plus fascinant dans le monde minéral, c'est la grande palette de couleurs qu'il nous offre. L'éclat des pierres peut être transparent, mat, métallique, pailleté, brillant, opalescent, irisé... et le simple fait de regarder ces couleurs peut influencer nos émotions. C'est le principe même de la chromothérapie, une thérapie alternative selon laquelle les couleurs provoquent une influence psychique, physique et émotionnelle sur nous. Par exemple, une pierre noire n'éveillera pas chez nous le même sentiment qu'une pierre bleue. Et selon les personnes, les émotions seront différentes. Le noir peut évoquer pour les uns la tristesse et le deuil, et pour les autres la rébellion et la distinction sociale (comme le mouvement gothique). Le bleu peut apaiser une personne, en lui évoquant le ciel ou la mer, mais en angoisser une autre ayant la phobie de l'eau.

Mon rituel couleur

Voici un tableau que vous pouvez remplir vous-même pour établir votre propre gamme d'émotions en réaction aux couleurs. Notez-y tout ce que celles-ci vous insufflent. Plus ce sera personnel, plus ce sera enrichissant, et plus vous en apprendrez sur vous.

	Cette couleur m'évoque :	Cette couleur m'attire :
Blanc		○ oui • ○ non
Violet		○ oui • ○ non
Bleu		○ oui • ○ non
Vert		○ oui • ○ non
Rose		○ oui • ○ non
Jaune		○ oui • ○ non
Orange		○ oui • ○ non
Rouge		○ oui • ○ non
Marron		○ oui • ○ non
Noir		○ oui • ○ non

Voilà pourquoi il ne suffit pas de se référer à un dictionnaire des propriétés des pierres. Il est important d'écouter ses propres ressentis. Ce qui convient à l'un ne va pas forcément à l'autre. Un lithothérapeute compétent prendra également en compte ces singularités pour le bien-être de son client.

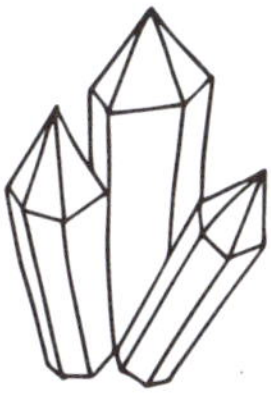

Plus globalement, voici ce que les couleurs représentent dans la conscience collective :

- **Blanc :** pureté, sérénité, mariage
- **Violet :** spiritualité, monde onirique, douceur
- **Bleu :** apaisement, détente, fraîcheur, nuit, rêves, évasion
- **Vert :** monde végétal, écologie, espoir, chance, fraîcheur
- **Rose :** amour, tendresse, enfance, douceur, gaieté
- **Jaune :** richesse, abondance, soleil, bonheur, énergie, confiance, mais aussi mensonge et trahison
- **Orange :** dynamisme, créativité, joie, chaleur
- **Rouge :** passion, amour, combativité, violence, danger, chaleur
- **Marron :** racines personnelles, bois, nature, confort, sécurité
- **Noir :** tristesse, mort, austérité, singularité, rébellion, sobriété, malchance

Attention !

Certaines pierres peuvent perdre leur couleur à la lumière du soleil. C'est le cas de la célestine, de l'aigue-marine, de la kunzite, de l'améthyste, de l'amétrine, du quartz rose… On dit qu'elles sont photosensibles, et c'est bien sûr lié à leur composition chimique.

☆ L'influence des systèmes cristallins

Le saviez-vous ?
La dureté des minéraux est classifiée de 1 à 10 selon l'échelle de Mohs (inventée par le minéralogiste allemand Friedrich Mohs en 1812).

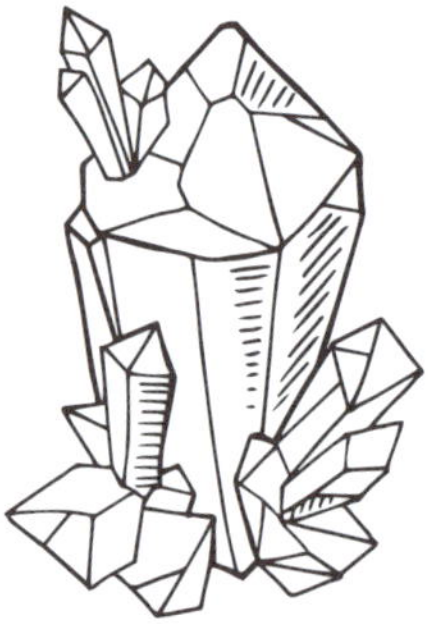

Si vous vous intéressez à la lithothérapie, peut-être avez-vous déjà entendu parler des systèmes cristallins. Pour simplifier cette désignation un peu complexe, il s'agit d'un classement des minéraux en fonction de leur cristallisation et de leurs éléments de symétrie. Les termes sont un peu techniques, mais, là aussi, inutile de tout apprendre par cœur si vous n'êtes pas du métier. Vous devez juste comprendre que tout comme la formation, la composition chimique et les couleurs, le système cristallin d'une pierre ajoute une information supplémentaire à l'influence énergétique de celle-ci. Elle pose un cadre. Le lithothérapeute et auteur Michael Gienger a même mis en évidence des profils psychologiques en fonction des systèmes.

Je vous propose ci-dessous de découvrir les sept systèmes cristallins, certaines pierres qui y sont associées et leurs influences constatées sur les personnes. Vous remarquerez au passage que la huitième catégorie est un peu spéciale. Elle concerne les pierres qui n'ont pas de système cristallin. C'est le cas de l'obsidienne, qui se fige trop rapidement sous un choc thermique. Cette catégorie donne tout de même des indications sur le plan énergétique.

Système cubique	Encadre, maintient, apporte de la force, de la stabilité et une structure (exemples : grenat, pyrite, sodalite, cuivre natif, fluorite...)
Système quadratique	Conduit, dirige l'énergie vers le haut. Favorise l'organisation, l'évolution personnelle (exemples : apophyllite, chalcopyrite, rutile, tugtupite...)
Système orthorhombique	Facilite l'organisation. Élance, accompagne, libère (exemples : célestine, péridot, préhnite, topaze...)
Système monoclinique	Aide à lutter contre l'instabilité. Favorise la transformation, l'évolution (exemples : charoïte, kunzite, pierre de lune, lépidolite...)
Système triclinique	Excellent pour la fluidité, la souplesse, l'intuition, le changement (exemples : pierre de soleil, labradorite, cyanite, larimar...)
Système rhomboédrique/ trigonal	Aide au pragmatisme, à la simplicité, à la concentration (exemples : quartz fumé, tourmaline, citrine, améthyste...)
Système hexagonal	Favorise l'efficacité, l'équilibre, l'alignement (exemples : aigue-marine, sugilite, morganite, héliodore...)
Pierres amorphes (sans formes)	Pas de cadre, multi-potentialité (exemples : opale, obsidienne, moldavite, shungite...)

Au-delà de ces éléments, il y a aussi les formes sous lesquelles vous allez acheter et utiliser vos pierres. Elles présentent toutes des avantages et des inconvénients que nous verrons plus loin.

Notes

3

Les pierres dans l'Histoire

Les pierres nous fascinent depuis plus longtemps qu'on ne l'imagine. À travers les civilisations, elles ont fait l'objet de superstitions et ont parfois joué un rôle de façon inconsciente. Elles ont longuement été étudiées, et de différentes façons. Finalement, la lithothérapie est tout simplement une adaptation moderne de l'application des pierres.

☆ Premières utilisations

Le saviez-vous ?

La rhodochrosite a été exploitée pour la première fois au XIIIe siècle par les Incas.

De nombreuses fonctions

Les Égyptiens employaient les pierres non seulement comme peinture et teinture, mais aussi comme maquillage. La malachite et le lapis-lazuli servaient de fards à paupières vert et bleu (le bleu étant le favori de Cléopâtre), et le cinabre faisait office de rouge à lèvres… rouge.

Nous l'avons vu, les pierres et les roches existent depuis la formation de la Terre. Les premiers hommes étaient donc entourés de minéraux, et s'en servaient dans une optique de survie. Ils taillaient des pierres de silex et en faisaient des outils et des armes, pour chasser, manger et construire.

De même à la préhistoire, les minéraux étaient utilisés en poudre, comme pigments de peinture. Ils étaient broyés dans des mortiers de pierre et liés avec divers liquides, comme du sang, de la salive ou de l'urine… L'argile et la limonite pour le jaune et les nuances d'orange, l'hématite pour le rouge, le charbon de bois pour le noir, le dioxyde de manganèse pour le brun… Et toutes ces fresques sont encore visibles dans certains sites comme les grottes de Lascaux.

Plus tard dans l'Histoire, les différentes civilisations continuèrent à exploiter le potentiel artistique des minéraux.

✯ Magie et médecine

Les superstitions et la pratique magique rituelle ont toujours accompagné les humains. Les pierres, considérées comme des trésors divins, y étaient naturellement associées.

En amulettes pour les vivants et les morts, en bijoux et statuettes, c'est en Égypte qu'elles étaient le plus utilisées. De nombreuses pièces sont encore exposées dans les musées. On y trouve des scarabées, le fameux œil d'Horus, le nœud d'Isis, des amulettes ouadj, en améthyste, turquoise, cornaline, lapis-lazuli, cristal de roche, jade ou jaspe rouge pour les plus connus.

Ces gris-gris étaient destinés à accroître la chance, les pouvoirs magiques, la fertilité ou à protéger du mauvais œil. Il existe aussi des amulettes en forme d'animaux.

De nombreuses statues, œuvres d'art ou même meubles de toutes époques et tous pays ont été conservés. Les pierres ont accompagné les hommes depuis la nuit des temps, et que l'on croie ou non à leurs vertus thérapeutiques, il est indéniable qu'elles font partie intégrante de notre histoire.

Notes

Le saviez-vous ?

L'obsidienne a longtemps joué le rôle de miroir divinatoire au cours de l'Histoire. C'est une pratique encore présente.

Les pierres étaient aussi employées dans la composition d'élixirs magiques ou médicinaux. Réduites en poudre et mélangées à d'autres ingrédients, elles devaient être ingérées. C'était une pratique fréquente au Moyen Âge. Aujourd'hui, on peut tout à fait mettre au point ses propres élixirs, mais il est indispensable d'effectuer les recherches nécessaires au préalable, car selon les pierres, nous pouvons nous intoxiquer.

Notes

Mon infusion d'apaisement énergétique par les pierres

Cette infusion peut être réalisée pour vous accompagner pendant une crise d'angoisse ou un bouleversement émotionnel.

Attention à bien laver vos mains, votre plan de travail et vos contenants au préalable. Ces pierres peuvent être nettoyées sans soucis avec du savon naturel, mais il sera important de les purifier énergétiquement d'abord. Privilégiez des pierres roulées ou taillées. Les pierres brutes en revanche peuvent s'effriter, elles ne sont donc pas adaptées.

Méthode

Placez un quartz fumé et un quartz rose dans un verre d'eau, une gourde ou une carafe. Laissez-les infuser minimum 1 heure. Ici il s'agit d'une infusion énergétique et non physique. L'eau va enregistrer l'information émise par les minéraux. Enlevez les pierres à l'aide d'une cuillère, puis buvez l'eau au rythme que vous souhaitez. Si l'infusion a été faite dans une carafe, vous pouvez la garder 3 jours au réfrigérateur.

N'hésitez pas à donner cette infusion à des enfants, à des personnes âgées ou à vos animaux : elle est très douce. Le quartz rose agit sur le chakra cœur pour réconforter tandis que le quartz fumé est une pierre du chakra racine qui stabilise nos émotions et nous apaise.

Expérimenter

Utiliser la lithothérapie au quotidien

En lithothérapie, les connaissances théoriques sont importantes, mais insuffisantes. Il faut pratiquer et même faire des erreurs pour finalement déterminer nos besoins et ce qui nous correspond le plus. C'est à force d'expérience et en se faisant confiance que nous développons nos ressentis et nos points de repères.

3

Choisir ses pierres

Le plus difficile, pour une personne novice, est de s'y retrouver dans cette multitude de variétés de pierres, d'autant plus que les lithothérapeutes ne donnent pas tous le même son de cloche. Choisir à l'intuition ? Ou en faisant travailler ses méninges ? Mon petit doigt me dit que c'est un peu des deux.

Se fier à son intuition

C'est effectivement ce que la plupart des néophytes ont spontanément envie de faire. Je suis moi aussi passée par là, et c'est tout à fait naturel. D'autant plus qu'au début, on est émerveillés, presque hypnotisés par la beauté de certains minéraux, et on a tous envie de les posséder. On touche un peu à tout, au gré de nos envies. C'est une phase d'expérimentation nécessaire, surtout si on est à l'écoute de nos ressentis.
Cependant un « piège » récurrent se met en place, surtout lorsque les vendeurs nous invitent à choisir la pierre qui nous attire le plus dans la boutique. J'ai pu le constater par moi-même et chez un grand nombre de mes clients : la majeure partie du temps, nous nous dirigeons vers des pierres qui nous ressemblent, mais pas toujours vers celles dont nous avons besoin.

Instinctivement, une personne sensible va être attirée par la labradorite blanche, la turquoise ou la pierre de lune. Une autre en phase de développement spirituel s'approchera de l'améthyste, du cristal de roche ou du lapis-lazuli. À l'inverse, une personne plus terre à terre s'orientera plus facilement vers des pierres rouges, marron ou noires, telles que le jaspe rouge, le quartz fumé ou la tourmaline noire.

À noter

L'intuition n'est pas inutile pour autant. Bien au contraire, elle est indispensable dans tous les domaines de l'énergétique. Cependant, elle s'avérera plus efficace si vous l'accompagnez de méthodes et de connaissances fiables.

Lorsque les choses se déroulent ainsi, les pierres vont venir appuyer vos qualités déjà existantes et ne vont malheureusement pas agir sur vos points faibles.

Le plus souvent les personnes sensibles n'ont pas besoin de développer encore plus leur ouverture aux autres, mais au contraire, elles doivent se renforcer et gagner en stabilité émotionnelle. Et les personnes terre à terre doivent plutôt ouvrir un peu leur conscience à de nouvelles perspectives.

A contrario, parfois les pierres qui nous sont le plus nécessaires nous rebutent. C'est tout simplement parce qu'elles viennent mettre en lumière nos zones d'ombre.

À noter

Attention aux fausses pierres, elles sont nombreuses sur le marché mais n'ont aucun intérêt en lithothérapie.

Choisir mes pierres à l'instinct

Placez-vous devant les pierres, et sélectionnez celles qui vous attirent instinctivement. Dressez-en la liste :

Vous pouvez ensuite vous demander ce qui a pu vous pousser à choisir ces pierres : avez-vous des besoins à combler, des qualités à renforcer, des peurs à surmonter ?

☆ Choisir en conscience

Le saviez-vous ?

L'opaline est une fausse pierre, imitation de l'opale noble. Elle n'est composée que de verre ou de plastique.

Pour choisir ses pierres de façon plus consciente, il faut apprendre à se connaître, pour ainsi se diriger vers des pierres vraiment utiles à notre développement personnel. Bien sûr, il est tout à fait normal de se sentir perdu et d'avoir besoin d'aide. C'est pourquoi, il ne faut pas hésiter à consulter un lithothérapeute, qui saura vous guider grâce à ses connaissances et à son expérience. Il établira un bilan énergétique et pourra discuter avec vous de vos attentes. C'est comme si vous alliez voir un conseiller en fleurs de Bach ou un aromathérapeute. Il n'y a aucune raison de prendre la lithothérapie à la légère ; ce n'est pas parce que nous n'ingérons pas les pierres qu'elles ne sont pas susceptibles d'avoir des effets indésirables.

De nombreux lithothérapeutes proposent également des formations. Cela peut aussi vous éviter d'acheter des pierres fausses ou teintées, qui sont bien entendu à éviter.

Conseil

Si vous préférez tenter cette aventure en solitaire, sans accompagnement professionnel, je vous conseille d'approfondir vos connaissances et de vous intéresser de plus près à l'énergétique et aux chakras. Petit à petit, vous saurez quels sont vos besoins et vous pourrez associer intuition et méthode. Soyez à l'écoute de vous-même et vous en apprendrez beaucoup.

Choisir mes pierres en conscience

Exemple

	Réponses	Analyse
Ma problématique	Fatigue	Je n'ai pas de problèmes de santé mais je manque d'entrain et d'énergie au quotidien.
Les couleurs qui m'attirent le plus en ce moment	Le bleu et le vert	Ce sont des couleurs très apaisantes qui dénotent peut-être mon besoin d'évasion et de tranquillité.
Les couleurs qui me rebutent le plus en ce moment	Le marron et le rouge	Le marron et le rouge sont deux couleurs représentatives du chakra racine et de la Terre. Souvent les personnes qui fuient ces couleurs manquent d'ancrage. Il serait donc utile d'essayer une pierre de cette couleur pour compenser un déséquilibre.
Les pierres que je peux tester	Le grenat rouge, Le quartz fumé	Elles sont toutes deux des pierres d'ancrage aux couleurs qui me déplaisent en ce moment.
Mes ressentis avec...	Avec le quartz fumé, je me sens moins effrayée par les tâches du quotidien mais je n'arrive pas encore à passer à l'action.	Cette pierre n'est peut-être pas la plus adaptée.
Mes ressentis avec...	Avec le grenat rouge, je me sens plus énergique, plus courageuse et je ne procrastine plus.	Je vais utiliser cette pierre.

Mon tableau à compléter

	Réponses	Analyse
Ma problématique		
Les couleurs qui m'attirent le plus en ce moment		
Les couleurs qui me rebutent le plus en ce moment		
Les pierres que je peux tester		
Mes ressentis avec…		
Mes ressentis avec…		

2

Développer ses ressentis

Lorsqu'on entre dans l'univers des pierres, on a plutôt tendance à se plonger dans de nombreuses lectures, et à oublier nos propres constatations. S'instruire, c'est bien, mais ressentir c'est primordial. Le mieux est de trouver un juste équilibre entre les deux.

Ressentir une pierre

Conseil

Vous pouvez même tenir un carnet de bord. C'est la manière de procéder des lithothérapeutes pour écrire leurs dictionnaires de propriétés. Même si souvent ils complètent cette démarche par d'autres tests et connaissances, il est évident que notre propre ressenti est primordial pour une application personnelle. Soyez aussi attentif aux rêves que les pierres vous procurent pendant la nuit.

Beaucoup de personnes ne ressentent pas les pierres, et pensent alors à tort qu'elles sont inefficaces. Bien sûr, c'est faux. Que vous le sentiez ou pas, la pierre va agir sur vos énergies, ce qui entraînera des conséquences émotionnelles et parfois même physiques sur vous. Le ressenti énergétique est plus aiguisé chez certaines personnes que d'autres, comme par exemple notre capacité à bien dessiner ou à apprendre par cœur. Mais tout se travaille, alors n'abandonnez pas pour autant. Nos prédispositions sont des atouts, mais nos faiblesses sont des défis.

Si vraiment vous ne souhaitez pas développer cette capacité, alors vous pouvez simplement constater l'évolution de vos problématiques en portant une pierre en particulier. Soyez à l'écoute de vous-même. Si vous devenez moins colérique en portant une calcite bleue, ou plus courageux avec un œil-de-tigre, cela signifie que les pierres agissent avec efficacité.

Développer ses perceptions subtiles avec les cristaux

Pour commencer, choisissez des pierres radicalement différentes, comme le cristal de roche et la tourmaline noire par exemple, et exercez-vous à les comparer.

Touchez-les, méditez avec elles, et portez-les plusieurs jours séparément.

Notez toutes vos sensations, qu'elles soient physiques ou émotionnelles. Entraînez-vous plusieurs fois avec les deux mêmes pierres, puis passez à deux autres.

Notez tout, les images, les sensations physiques,
les souvenirs qui émergent, les émotions,
les changements dans votre comportement.

Notes

Mon carnet de bord

Pierres	Ressentis physiques	Ressentis émotionnels	Ressentis sur la purification	Autres ressentis
Quartz rose	Relâchement des muscles	Envie de pleurer	Pierre agréable à prendre en main, légère, pas de ressentis négatifs. Pierre purifiée ce matin.	Vision du visage de ma grand-mère

✩ Utiliser le pendule

Le pendule, un instrument très utilisé par les énergéticiens, peut s'avérer précieux et utile dans votre sélection de pierres. Grâce aux micromouvements émis par notre corps, des vibrations sont transmises au pendule, qui se met en mouvement (lent ou rapide, d'avant en arrière, dans le sens des aiguilles d'une montre ou dans le sens inverse, etc.). Il faut toutefois maîtriser l'outil un minimum, la radiesthésie étant une vraie discipline.

Une fois à l'aise avec le pendule, vous pourrez lui poser des questions en lien direct avec les pierres :

- Quelle pierre dois-je utiliser ?
- Cette pierre a-t-elle besoin d'être purifiée ?
- Est-elle complètement purifiée ?
- Cette pierre va-t-elle m'aider à résoudre ma problématique actuelle ?

3

Les chakras

Si ce livre est entre vos mains, c'est que vous souhaitez en apprendre davantage sur la lithothérapie. La connaissance des chakras constitue une bonne base pour utiliser les pierres en énergétique, chaque pierre entrant en résonance avec un chakra.

Les chakras, c'est quoi ?

Le saviez-vous ?

Un chakra peut être au ralenti, voire bloqué, ou au contraire hyperactif et donc en excès. « Chakra » vient du sanskrit *cakra*, qui signifie « roue », « cycle », « cercle ». Les chakras trouvent leur origine dans le yoga kundalini, et donc en Inde.

Les chakras sont des centres d'énergie. Tel des vortex, ils rayonnent et sont constamment en mouvement selon nos humeurs et nos interactions. On peut les visualiser comme des tourbillons lumineux.

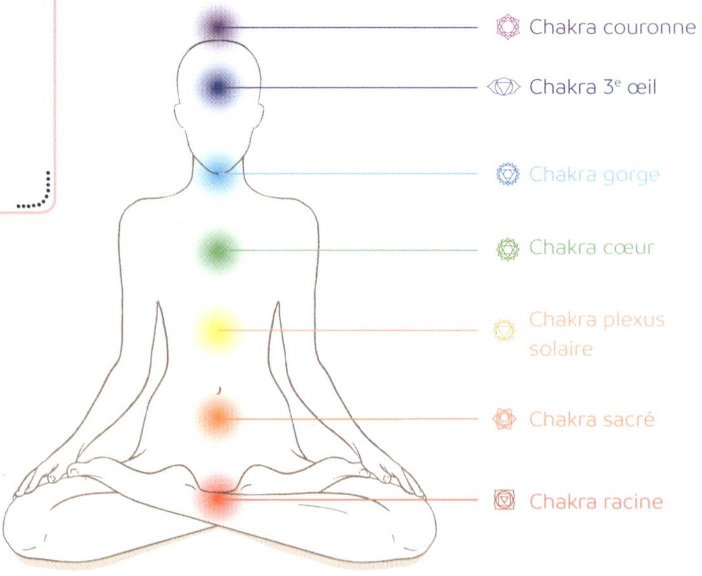

Notes

Inutile d'aller passer un scanner médical pour essayer de les repérer, vous ne les trouverez pas ! Ils existent tout de même, mais sur le plan énergétique. Ils constituent une sorte de cartographie qui donne des repères et des indications sur notre état énergétique, ce dernier étant lié à notre état physique et émotionnel, et *vice versa*. Par exemple, si vous vivez une rupture amoureuse, votre chakra cœur en sera automatiquement affecté.

Se préoccuper de ses chakras permet de prendre connaissance de certaines émotions refoulées ou enfouies, et nous aide à évoluer en conscience. Prenons le chakra gorge par exemple : les personnes qui ont des difficultés au niveau de ce chakra peuvent être dans la peur constante du conflit et ne jamais oser s'affirmer. Un travail conscient sur ce domaine, à l'aide d'une aigue-marine par exemple, permettra d'équilibrer le chakra et de rendre la personne plus libre de s'exprimer. Attention, ce n'est qu'un exemple qui ne s'applique pas systématiquement à tous.

Voici un tableau qui répertorie le champ d'action des 7 chakras principaux (il en existe d'autres) :

Chakra racine/rouge	Capacité de passer à l'action, énergie vitale, efficacité, équilibre et stabilité émotionnelle, lien à la mère, ancrage dans le moment présent
Chakra sacré/orange	Rapport au corps, sexualité, contact avec les autres, créativité, féminité, joie de vivre
Chakra plexus solaire/jaune	Confiance en soi, dynamisme, volonté, rayonnement personnel
Chakra cœur/rose et vert	Amour de soi et des autres, compassion, relations amoureuses
Chakra gorge/bleu	Expression de soi face aux autres, communication
Chakra 3ᵉ œil/indigo	Concentration, mental, esprit d'analyse, intuition, capacités extrasensorielles
Chakra couronne/violet	Spiritualité, conscience du monde et de la place que nous y occupons, unité

Les couleurs des chakras

Le saviez-vous ?

Les 7 chakras principaux sont les plus connus, mais nous en possédons d'autres. Certains énergéticiens choisissent de les étudier et de travailler avec eux.

Les chakras sont associés à des couleurs de fréquences vibratoires, sur lesquelles tout le monde n'est pas toujours d'accord. C'est pourquoi dans le tableau précédent j'en ai parfois noté deux. Chaque pierre agit sur un chakra en particulier, même si, là encore, les professionnels ne sont pas toujours du même avis. Peu importe, n'oubliez pas que vous avez votre mot à dire, et que vos propres ressentis comptent. Chacun étant différent, il n'est pas étonnant que les opinions divergent. La lithothérapie et l'énergétique, bien que sérieuses, ne sont pas des domaines scientifiques uniquement factuels, et la part d'interprétation personnelle est très importante. En fonction de vos constatations, vous pourrez plus facilement vous reconnaître auprès de tel ou tel enseignement. Ceci dit, il est important de savoir que de nombreux tests énergétiques ont été réalisés pour obtenir les connaissances que nous avons actuellement.

Quand on dit que les chakras sont d'une couleur ou d'une autre, on se réfère plus à des fréquences et à des symboliques, car, rappelons-le, les chakras ne sont pas situés sur le plan physique.

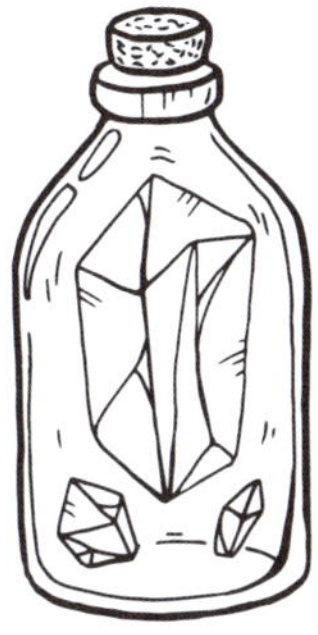

La plupart du temps, la couleur des pierres correspond à celle des chakras, mais ce serait trop simple si c'était toujours le cas, n'est-ce pas ? Il y a donc quelques exceptions, comme les pierres des fées, qui sont grises mais qui entrent en résonance avec le chakra sacré, qui lui, est orange.

Voici un petit tableau qui répertorie quelques-unes des pierres les plus connues selon les chakras :

Chakra racine	Tourmaline noire, spinelle noire, shungite, obsidienne œil céleste, obsidienne noire, labradorite, hématite, septaria, chiastolite, bois fossile, quartz fumé, grenat rouge, jaspe rouge
Chakra sacré	Cornaline, ambre, pierre de soleil, blende orangée (sphalérite), pierre des fées, chalcopyrite, cuivre natif, grenat orange, aragonite, opale de feu, topaze impériale, howlite, agate
Chakra plexus solaire	Citrine, calcite miel, calcite jaune, héliodore, apatite jaune, fluorite jaune, jaspe jaune, bronzite, œil-de-tigre, pyrite, opale jaune
Chakra cœur	Quartz rose, tourmaline rose, verte et melon d'eau, rhodonite, rhodochrosite, kunzite, morganite, manganocalcite, opale rose, émeraude, rubis, aventurine, diopside, dioptase, malachite, agate mousse, jaspe kambaba
Chakra gorge	Aigue-marine, topaze bleue, calcédoine, calcite bleue, célestine, angélite (anhydrite), azurite, cyanite, iolite (cordiérite), onyx bleu
Chakra 3e œil	Lapis-lazuli, cristal de roche, apatite bleue, apophyllite, calcite optique, fluorite (verte, bleue, violette et multicolore), diamant d'Herkimer, jade blanc, opale dendritique, opale noble, sélénite, sodalite, tanzanite, pierre de lune (adulaire)
Chakra couronne	Améthyste, charoïte, purpurite, lépidolite, opale violette, sugilite

Chakra, quel est ton état ?

Pour connaître l'état de vos chakras, adressez-vous à un lithothérapeute ou à un énergéticien, qui établira un bilan personnalisé. Vous pouvez aussi essayer de cerner vos points faibles et vos points forts en vous basant sur le tableau descriptif des 7 chakras (page 36). Vous repérerez ainsi quelles couleurs de pierres sont les plus adaptées à votre profil, ou au contraire celles à éviter. C'est moins précis qu'un bilan énergétique, mais cette méthode permet de se connaître un peu plus, et de se rendre acteur de sa vie. Si vous maîtrisez le pendule, il peut également vous dire quels sont vos chakras perturbés.

Mes points faibles	Les chakras correspondants

Mes points forts	Les chakras correspondants

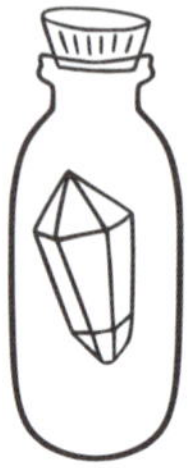

4

Purifier ses pierres

La purification des pierres est une étape essentielle dans la pratique de la lithothérapie. Différentes méthodes existent, certaines testées énergétiquement et donc très fiables, d'autres à l'efficacité un peu plus aléatoire, car issues de certaines croyances. Mais allons à l'essentiel ! Je vous propose ici uniquement les procédés que je juge efficaces (les ayant moi-même expérimentés), et que j'utilise quotidiennement.

✫ La purification, c'est quoi ?

Les pierres, comme tout objet ou être vivant dans la matière, sont soumises à de fortes influences énergétiques, générées par un grand nombre de facteurs, dont le facteur humain. À la maison, nos objets décoratifs, nos minéraux, nos meubles, sont continuellement traversés par les énergies que nous propageons. Lorsque nous nous disputons, que nous sommes tristes, en colère, soucieux, fatigués, nous produisons de l'énergie négative en nous, et nous la projetons sans en avoir l'intention. Les objets finissent par s'imprégner de ces charges, d'où l'importance de purifier notre lieu de vie et nos pierres régulièrement, sans en faire une obsession, mais plutôt une routine nécessaire. C'est important, car lorsque les pierres sont saturées en énergies négatives, elles deviennent dans un premier temps inefficaces, et dans un deuxième temps elles sont désagréables à porter ou à toucher (avec d'éventuelles sensations physiques : picotements ou démangeaisons dans les mains, gorge qui gratte, maux de tête). Enfin, si nous n'avons pas purifié nos pierres depuis longtemps (plusieurs mois, voire plusieurs années), elles peuvent carrément nous

communiquer de la négativité. C'est le cas de certains bijoux de famille dont nous héritons, et qui peuvent influencer nos émotions, nous donnant l'impression que rien ne va. La mélancolie ou la tristesse nous envahissent de manière inexpliquée.

Sachez que nous ne sommes pas égaux face à ces ressentis, certaines personnes y sont plus sensibles que d'autres, d'où la nécessité d'effectuer une purification régulière de nos pierres.

À noter : On parle souvent de « nettoyage » à la place de purification. Attention, il ne faut pas confondre un nettoyage physique avec un nettoyage énergétique.

En général, lorsque mes pierres sont chargées, j'ai l'impression qu'elles sont plus lourdes. Je peux être sujette à de légers maux physiques, comme une pression au niveau de la tête, une lourdeur dans l'estomac, une toux. Souvent mes mains me grattent au contact de ces pierres. Mais vos sensations seront peut-être différentes, apprenez à les repérer.

Il n'y a pas de secrets ! Une pratique régulière vous permettra de vous améliorer.

Autre possibilité : vous former avec des professionnels pour expérimenter les énergies en groupe. C'est très enrichissant.

À noter

Notez que la purification dépend de plusieurs éléments :

- La taille des pierres : plus elles sont petites, plus elles se satureront vite.
- L'environnement qui entoure les pierres : un environnement négatif, quel qu'il soit, charge plus rapidement vos pierres qu'un environnement « sain ».
- La fréquence et l'intensité d'utilisation de vos pierres : méditation, port sur soi en conscience, accompagnement dans le sommeil, etc.

Il faudra donc tenir compte de ces trois critères pour connaître la fréquence à laquelle vos pierres doivent être purifiées. Vous comprendrez alors que c'est très aléatoire.

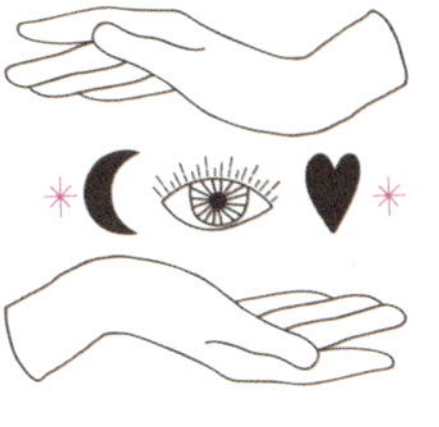

S'exercer : cristaux et purification

Vous pouvez vous exercer à détecter si une pierre a besoin d'être purifiée ou non. Prenez une pierre fraîchement purifiée, fermez les yeux, manipulez-la, soyez attentif à vos sensations, et surtout notez-les. Réitérez l'opération avec une pierre chargée, non purifiée depuis longtemps. Si vous ne ressentez rien les premières fois, ne vous découragez pas !

☆ Les méthodes de purification

Maintenant que le principe sur le fond est clair, il est temps de vous présenter les techniques que j'utilise. Ce sont les plus simples et les plus efficaces à mon avis, et je les ai testées ! Elles présentent également l'avantage d'être sans danger, et sont donc applicables sur TOUTES les pierres du règne minéral. Mettez-les en place sous forme de petits rituels préalables à l'utilisation de vos pierres.

Purification par le sel

▸ **Comment ça marche ?** Le verre laisse passer les énergies, contrairement au plastique par exemple. Le sel va attirer à lui les charges négatives et les retenir. La pierre n'étant pas en contact direct avec le sel, il n'y aura aucun risque de dégradation, car certaines pierres s'abîment à son contact.

Vous pouvez opter pour cette méthode lorsqu'une pierre est très chargée, le sel étant un agent de purification très efficace. Sachez aussi que l'eau peut très bien remplacer le sel, mais son action sera plus lente et plus douce. Personnellement, je n'utilise jamais d'eau, par souci écologique (gaspillage).

Mon rituel de purification par le sel (sans contact)

Déposez votre pierre dans un récipient en verre transparent (un verre de table par exemple). Dans un second récipient plus grand (pouvant contenir le premier verre), versez du sel en quantités suffisantes, car le sel absorbe les charges négatives. Plus votre pierre est grosse ou chargée, plus il faudra de sel (ou alors vous pouvez répéter plusieurs fois l'opération). Placez enfin le contenant en verre où se trouve votre pierre dans le second récipient avec le sel. Laissez ainsi reposer pendant 1 heure. À la fin, jetez le sel à la poubelle (de préférence à l'extérieur de votre habitation, et sans le toucher). Votre pierre est désormais purifiée.

Ne jetez pas le sel dans la nature, il brûlerait la végétation.

Purification par le son

Cette méthode est ma préférée. Elle est efficace et rapide, mais comporte tout de même un petit inconvénient : investir dans un bol de qualité, qui a un certain coût. Mais l'avantage est que ce bol a d'autres fonctions. Il est très utile pour aider à la méditation. Son chant apaise et harmonise le chakra correspondant à sa note. Il peut également contribuer à purifier votre habitat.

Notes

Notes

À noter

Bien entendu, fiez-vous à vos ressentis et à vos méthodes de vérification pour adapter ces valeurs de temps à vos situations.

Il est évident que votre pierre ne devra pas être plus grande que votre bol pour une purification efficace.

▸ **Comment ça marche ?** Le son du bol est fait de vibrations qui viennent traverser la pierre et la débarrasser de ses charges négatives.

Mon rituel de purification par le son

(au bol tibétain ou au bol de cristal)

Posez votre pierre au centre du bol et faites-le « chanter ».

Notez tout de même quelques précautions à prendre : n'oubliez jamais de poser un tissu entre la pierre et le fond de votre bol.

Le son étant composé de vibrations, le bol va trembler un peu, et il risquerait de casser la pierre.

Toujours pour éviter ce même problème, il ne faudra pas taper sur votre bol avec trop de force. Un son doux, d'une intensité moyenne, sera suffisant.

Pour les bols tibétains, privilégiez les bâtons en bois recouverts de tissu (ou de cuir) à leur extrémité. Le temps moyen pour purifier une pierre au son du bol tibétain est de 1 minute. Mais il varie en fonction de trois facteurs :

▸ **La taille de votre pierre :** plus elle sera grosse, plus elle aura emmagasiné des charges énergétiques.

▸ **Le taux de charge de votre pierre :** le travail de purification sera plus ou moins important entre une pierre jamais purifiée et une autre que vous avez purifiée il y a deux semaines.

▸ **La taille de votre bol :** plus il sera grand, plus il sera puissant et rapide.

Concernant ce dernier point, j'ai effectué plusieurs tests qui me permettent de vous indiquer une valeur de temps. Mon bol tibétain mesure 17 centimètres de diamètre. Après 2 minutes de vibrations, les petites et les grosses pierres, qu'elles soient beaucoup ou peu chargées, sont toutes purifiées. Mais pour vos petites pierres (moins de 3 centimètres) purifiées régulièrement, et avec un bol d'au moins 17 centimètres de diamètre, 30 secondes de son suffisent.

La purification à la coquille Saint-Jacques

J'avais au départ quelques a priori sur cette méthode avant de la tester, car j'avais entendu et lu toutes sortes de recommandations sur le sujet (par exemple, diriger la coquille vers le nord, ne pas l'utiliser cuite, prendre en compte qu'elle purifie ET recharge à la fois, utiliser éventuellement des reproductions de coquilles Saint-Jacques…) et j'ai donc tout testé !

J'ai d'abord pris une coquille Saint-Jacques non cuite, puis une coquille Saint-Jacques cuite au four, et pour finir une coquille Saint-Jacques en céramique, qu'une boutique ésotérique en ligne a gentiment accepté de m'envoyer.

Les trois types de coquilles m'ont donné des résultats similaires : elles purifient toutes admirablement les minéraux. Et petite précision : l'orientation vers le nord ou pas n'a absolument rien changé. La coquille Saint-Jacques, quelle que soit sa composition, est un outil de purification efficace !

Conseil

Voici quelques indications de durées de purification, selon la taille de votre pierre :

- Pour une pierre de moins de 3 centimètres, une demi-heure suffit.
- Pour une pierre entre 3 et 4 centimètres, prévoyez 1 heure.
- Pour une pierre plus grosse, comptez 1 h 30 à 2 heures.

Notes

Comment ça marche ? C'est la forme de la coquille Saint-Jacques qui permet la purification des pierres, et non son orientation et sa composition. Cette forme met en mouvement l'énergie, en la faisant circuler de l'intérieur vers l'extérieur. Veillez tout de même à purifier régulièrement votre habitat, car la coquille se sert de l'énergie de votre intérieur pour nettoyer celle de la pierre.

Rituel de purification à la coquille Saint-Jacques

Il suffit de poser votre pierre dans la coquille. Cette méthode de purification est très pratique pour nos bijoux, que l'on peut déposer le soir et retrouver purifiés et comme neufs le matin. De plus, la coquille est un bel objet décoratif. Enfin, cette technique présente l'avantage, tout comme celle du son, de ne pas générer de déchets (contrairement à la purification par le sel par exemple), et d'être parfaitement autonome (contrairement au bol tibétain).

J'avais auparavant lu qu'il ne fallait pas que la pierre dépasse une certaine taille pour que la purification soit totale. Après vérification, tant que la pierre entre dans la coquille, et qu'on l'y laisse le temps approprié, elle sera parfaitement nettoyée.

Bien que fiable, cette méthode sera à privilégier pour un entretien régulier plutôt que pour nettoyer une pierre que l'on n'a pas purifiée depuis des années. C'est une méthode plus douce et plus lente que le sel et le bol, et elle figure pourtant parmi mes préférées. Les coquilles sont très décoratives et il est agréable d'y déposer ses pierres ou bijoux en fin de journée.

Voilà donc les trois méthodes de purification qui m'accompagnent au quotidien. N'oubliez pas d'adapter vos pratiques à ce qui vous correspond le plus, car les croyances et l'intention apportent toujours un plus dans le résultat obtenu.

D'autres méthodes fiables existent, mais je leur préfère celles-ci.

✩ Qu'en est-il du rechargement ?

En lithothérapie, on dit qu'une fois purifiées les pierres ont besoin d'être rechargées, comme si la purification les avait vidées du positif comme du négatif, et qu'elles n'étaient plus capables de rayonner comme auparavant. Je ne partage pas ce point de vue, et je ne suis pas la seule dans ce cas. Les pierres — nous l'avons vu — possèdent des propriétés énergétiques, générées par leurs formes, leurs compositions chimiques et leurs couleurs. Tous ces facteurs sont bien évidemment sur le plan physique et ne peuvent être effacés ou aspirés par une quelconque purification. Les propriétés des pierres et leur rayonnement énergétique sont inhérents à leur constitution. En clair, si des charges énergétiques négatives peuvent saturer les pierres, une purification peut les en débarrasser, sans pour autant changer leur nature.

De nombreux lithothérapeutes pensent que les pierres ont besoin d'être exposées au soleil ou à la lune pour retrouver leur efficacité. Je respecte cette vision des choses, même si je pense que ce n'est en rien une obligation. Pour moi, il s'agit d'une croyance, et d'un amalgame avec la pratique de la sorcellerie. En magie, la lune et le soleil sont considérés en effet comme des divinités et des forces naturelles puissantes. Les praticiens y exposent leurs amulettes ou autres outils rituels pour les purifier ou les charger. Cela a pour effet de renforcer leur action, ainsi que celle des sorts. Et ce n'est pas le seul sujet où la confusion entre les domaines énergétique et magique règne. Souvent, les propriétés des pierres que l'on nous présente mélangent croyances, superstitions, correspondances magiques, traditions et propriétés énergétiques. Parmi les exemples typiques, la citrine apporterait de la chance, le quartz fumé aiderait à arrêter de fumer, ou encore le quartz rose permettrait de trouver l'amour. Il serait bon de clarifier les choses pour cesser de semer le trouble dans l'esprit des gens et décrédibiliser la lithothérapie. L'énergétique peut être pratiqué sans avoir de croyances.

Alors, faut-il ou non recharger nos pierres après une purification ? Eh bien, là encore, je vous invite à vous écouter et à ne pas trancher définitivement, comme s'il n'y avait qu'une seule vérité suprême.

Si pour vous il est très important de recharger vos pierres, alors faites-le. Le simple fait d'y croire et d'y mettre une intention sincère aura un effet significatif. Il faudra tout de même faire très attention, car nombreuses sont les pierres à ne pas supporter le soleil.

Je n'ai jamais dit que ce n'était pas efficace, j'ai moi-même constaté que les pierres pouvaient en retirer un bénéfice (en y mettant de l'intention). Mais ce n'est pas indispensable pour une bonne efficacité des pierres en lithothérapie. Le rechargement peut être alors envisagé comme un plus, non obligatoire, à réaliser en conscience selon vos croyances, tout en faisant attention de ne pas détériorer les minéraux.

Le rechargement des pierres

Ce rituel est à réaliser seulement si vous en ressentez l'envie. Il est sans danger pour tous les minéraux.

Après avoir purifié votre pierre, mettez vos mains au-dessus (ou la pierre entre vos mains) et fermez les yeux. Visualisez que vous la rechargez en énergie et qu'une lumière blanche sort de vos mains et entre dans la pierre. Il est possible que vous sentiez vos mains chauffer ou même, que vous sentiez l'énergie circuler dans vos paumes. Vous êtes en train de la magnétiser. Tout le monde est capable de le faire !

Notes

5

Formes et utilisations des pierres

Les pierres sont disponibles à la vente sous de nombreuses formes. À nous d'en privilégier certaines, selon notre mode de vie et nos préférences. Pour vous aider à choisir en connaissance de cause, je vais vous présenter ici les particularités de chacune.

✯ Les bijoux

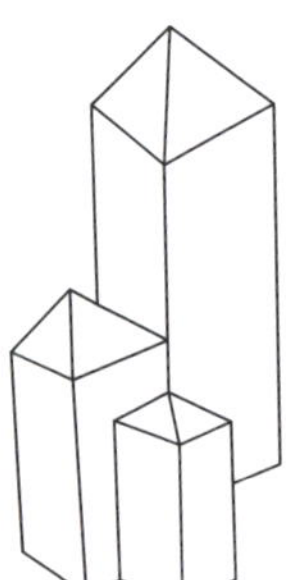

Précieux, magnifiques, à valeur sentimentale ou superstitieuse, les bijoux accompagnent les hommes et les femmes depuis de nombreux siècles. Ils ont longtemps été réservés à la royauté, ou aux hautes figures religieuses. De nos jours, il existe plusieurs gammes de bijoux, certaines luxueuses, utilisant des pierres dites « précieuses », et d'autres nettement plus abordables, proposant des pierres dites « fines ». Nous avons donc le choix en termes de prix et de qualité, et les bijoux sont dorénavant accessibles à tous.

L'avantage de porter nos pierres en bijoux est d'allier l'utile à l'agréable. Mises en valeur, elles sont à la fois esthétiques et pratiques. Accrochées à notre cou en pendentif, enroulées autour de notre poignet en bracelet, en bague ou en boucles d'oreilles, elles sont au plus près de nous.
En développant un affect avec elles, nous amplifions nos vibrations et les leurs. Plus nous les aimons, plus elles nous le rendent, et nous accueillons le travail des énergies en conscience ! *A contrario*, si vous portez une pierre sur un bijou que vous n'appréciez pas, cela va plutôt freiner l'interaction entre elle et vous. Choisissez bien vos bijoux, cela a de l'importance. Une communion entre vous et vos pierres améliorera le travail thérapeutique.

À noter

Attention aux bijoux dont vous héritez ou à ceux que vous vous procurez d'occasion. Il faudra les purifier en profondeur (voir page 43 la méthode par le sel, à réitérer plusieurs fois si besoin).

Pour répondre à une question que l'on me pose souvent dans mon métier : oui, les petites pierres sont aussi efficaces que les plus grandes. Le rayon d'action de leurs énergies s'étend simplement moins loin. Imaginez un pétale de rose : il sent aussi bon qu'un pot-pourri, mais il faut le rapprocher plus près de notre nez pour le savoir. Pour parfumer votre pièce, vous allez donc utiliser le pot-pourri, qui aura une plus grande portée, et non pas un seul pétale. Plus la pierre est grosse, plus elle a de portée. En toute logique, il est important que les petites pierres soient au plus près de nous, tandis que les plus volumineuses pourront se tenir plus loin. Certaines petites pierres sont cependant très puissantes ! Je pense à la spinelle ou au diamant. La puissance d'une pierre ne dépend pas de sa taille, mais de sa formation et de ses qualités minéralogiques. Par exemple, la signature énergétique d'un petit diamant de 3 millimètres sera toujours plus intense qu'un gros rocher de jaspe rouge. En revanche, il faudra toucher le diamant pour bénéficier de ses bienfaits, tandis que le jaspe rayonnera sur un très grand périmètre autour de lui.

Notes

Je n'attribue pas d'importance particulière à l'emplacement sur le corps des bijoux portés. Prendre la main de notre bien-aimé suffit à ouvrir grand notre chakra cœur, et à augmenter notre taux vibratoire. Pas besoin de lui demander de poser sa main juste sur notre cœur, n'est-ce pas ? Au même titre, il n'est pas obligatoire de poser une pierre sur un chakra pour l'influencer. L'énergie de la pierre va entrer en contact avec la nôtre pour en modifier sa vibration, comme un changement de fréquence... et cela, qu'elle soit dans notre main ou sur notre tête. Mais si cela sonne juste pour vous, alors ne vous en privez pas. Comme nous l'avons déjà abordé dans le chapitre sur les méthodes de purification des minéraux, les croyances et le pouvoir de l'intention ont leur rôle à jouer en énergétique. Veillez néanmoins à ce que cela ne devienne pas limitant.

☆ Les pierres roulées

La principale qualité de ces pierres est leur faible coût. Durant plusieurs semaines, elles sont roulées dans des tonneaux polisseurs, avec un abrasif, et finissent par devenir les petits cailloux lisses et brillants que nous connaissons. Ne nécessitant pas beaucoup de main-d'œuvre, cette technique est peu coûteuse. Certains spécimens peuvent tout de même être plus chers, selon la rareté de la pierre (par exemple la citrine naturelle, la charoïte, l'aigue-marine, ou les grenats spessartite ou hessonite).

Ces pierres lisses et agréables au toucher peuvent être utilisées en lithothérapie. Certaines sont même percées et montées en bijoux peu onéreux. L'avantage, nous l'avons vu, est l'accessibilité financière. Elles sont aussi pratiques à emporter partout (poches, sacs à main, etc.), ou à prendre dans la main lorsque nous en ressentons le besoin. Personnellement, elles m'accompagnent pour m'endormir. Cependant, si l'on doit mentionner un aspect négatif, elles sont parfois de piètre qualité. Les fabricants exploitent les plus belles parties d'une pierre pour réaliser des pièces taillées ou des cabochons. Afin d'éviter la perte, les chutes sont mises à polir dans des tonneaux pour en faire des pierres roulées.

Elles ne sont pas inefficaces pour autant. Une pierre reste une pierre, avec ses propriétés, même si elle est inesthétique ou ébréchée. Mais sachez que les cristaux et les pierres gemmes ont un impact énergétique plus puissant. Si l'envie est là et le budget adapté, vous pouvez donc privilégier le port de certains cristaux et pierres gemmes en bijoux.

Le saviez-vous ?
Une pierre gemme est une pierre transparente, assez dure pour être taillée et utilisée en bijouterie.

Exemples de pierres gemmes et cristaux : tous les béryls (émeraude, aigue-marine, morganite...), péridot, opale noble, améthyste, grenat, rubis, saphir, diamant, opale de feu, tourmaline, topaze...

☆ Les pierres brutes

Les pierres brutes sont avant tout des pierres appréciées par les collectionneurs et les minéralogistes. Elles sont telles que la nature les a créées. Ainsi, nous n'oublions pas d'où elles viennent et comment elles se forment. En lithothérapie, elles s'avèrent également intéressantes, mais plus difficiles à manipuler ou à emporter.

Une pierre brute garde l'orientation de sa vibration énergétique intacte et offre la particularité de ne pas tricher avec nous. Cependant, certaines pierres brutes ne possèdent pas de formes particulières et ne présentent aucun avantage notable sur le plan énergétique ou esthétique.

Notes

☆ Les pierres taillées (sphères, pointes, et formes diverses)

Les sphères, formes libres, ou grosses pointes sont intéressantes à posséder chez soi pour bénéficier de leurs bienfaits au quotidien. Elles sont ainsi à la fois décoratives et thérapeutiques. Privilégiez les pierres de grande taille pour les plus grandes pièces de la maison. Et n'oubliez pas l'histoire du pétale de rose racontée précédemment…

Les sphères sont celles qui propageront leur énergie le plus harmonieusement. D'ailleurs, sachez que dans l'art de vivre feng shui, les objets anguleux sont déconseillés dans la maison, afin de laisser l'énergie circuler librement.

Il peut être très intéressant de déposer une grosse pierre de calcite bleue dans le salon, pour encourager une communication fluide et bienveillante entre les membres de la famille. Une pierre imposante de fluorite sur le bureau d'un étudiant aidera à la concentration. Une belle pièce de sélénite apportera de l'apaisement dans une chambre. À vous de composer à votre guise. N'oubliez pas de les purifier régulièrement.

> **Le saviez-vous ?**
> Il existe des tables basses ou de salle à manger magnifiques, composées de divers minéraux comme l'améthyste ou le bois fossile. Le prix est bien entendu exorbitant. Et puis... comment les purifierait-on ?

Mon rituel pour une maison en harmonie

Placer dans notre habitat des cristaux adaptés peut être un plus. Ils peuvent faire écho avec ceux que vous portez déjà et créer une ambiance favorable.

Dans	Je mets
Ma chambre	
La chambre des enfants	
Le salon	
La salle à manger	
La cuisine	
Mon bureau	

☆ Comment j'utilise mes pierres ?

Comment bénéficier de façon optimale de l'énergie des pierres ? C'est une question récurrente chez les débutants en lithothérapie. Comme nous l'avons vu avec les bijoux, vous pouvez porter vos pierres en conscience. La pierre est contre vous, et influence vos propres énergies tout au long de la journée. Cette démarche permet de soutenir un centre d'énergie déficient en vous, comme le chakra plexus, lors d'un manque de confiance en soi. Il faudra que la pierre vous accompagne jusqu'à ce que vous sentiez que la problématique est réglée, et que vous ayez commencé à évoluer. Vous pouvez porter plusieurs pierres, à condition qu'elles n'entrent pas en contradiction les unes avec les autres, et qu'elles ne soient pas trop nombreuses à la fois. Je conseille à mes clients de ne pas dépasser le nombre de trois. En posséder plus sur soi n'est pas vraiment utile si on cerne bien l'origine des problèmes. Et puis, trop de pierres à la fois c'est beaucoup d'influences énergétiques qui partent dans différentes directions. Difficile de suivre ! Mais tout dépendra de votre approche. Une démarche intuitive n'est pas la même qu'une démarche cadrée, avec un axe thérapeutique et un suivi professionnel.

Vous pouvez également porter vos pierres la nuit. Bien entendu, elles doivent être adaptées et ne pas déranger votre sommeil. Là encore, point trop n'en faut : si vous trouvez la bonne, une seule pierre suffira.

Vous avez découvert la pierre idéale pour un endormissement serein ? Elle peut vous accompagner aussi dans vos méditations (guidées ou non). Le corps et l'esprit seront tranquilles et plus à même de communier avec la pierre. De plus, la méditation avant de dormir est très bénéfique et facilite la venue du sommeil. De toute façon, le simple fait de tenir la pierre dans votre main au moment du coucher est une bonne chose. Petite précision : vous pouvez aussi méditer avec vos pierres en journée.

Le toucher

Pour calmer une émotion vive comme l'angoisse, il suffit de prendre la pierre dans votre main jusqu'à ce que vous sentiez l'apaisement revenir. Ce sont des pierres « coup de pouce » à conserver à proximité en cas de besoin. Un peu comme l'huile essentielle de camomille en aromathérapie.

Pour traiter des problématiques plus diffuses, je vous recommande de porter vos pierres autant de jours qu'il est nécessaire. La solution la plus pratique est sous forme de bijoux, mais vous pouvez aussi glisser des pierres roulées dans votre poche.

Notes

6

Enfants et animaux

Lorsque la lithothérapie fonctionne sur nous-même, on a spontanément envie de la mettre en pratique sur les autres. Si cela pouvait aider nos enfants et nos animaux domestiques, ce serait fantastique, n'est-ce pas ? Eh bien, bonne nouvelle, c'est possible ! Les résultats sont même souvent plus rapidement obtenus chez nos petits sujets, à la sensibilité plus grande.

☆ Les enfants et les pierres

Très souvent, les enfants accrochent instinctivement avec les minéraux. Soit ils les collectionnent, soit ils les admirent avec étonnement, mais ils y sont rarement indifférents. De plus, nos petits lutins sont très sensibles et réceptifs aux énergies. Ils sont beaucoup moins sceptiques que nous, qui avons perdu un peu de notre émerveillement en grandissant, et sont donc très à même de bénéficier de tous les bienfaits de l'énergie des pierres.

Les conseils que je pourrais vous donner, c'est de privilégier les pierres douces et apaisantes, car les enfants sont déjà pleins de vitalité. On ne veut pas les transformer en piles électriques. Ils sont plus sensibles que nous, inutile de les bombarder d'énergies trop vives. Évitez les bijoux et les trop petites pierres pour les enfants de moins de trois ans (un accident est vite arrivé). Ce sont les seules contre-indications.

Les pierres pourront accompagner leur sommeil, et même les inciter à méditer.

Concernant les adolescents, c'est différent. Soit ils ont un super « feeling », soit le sujet ne les intéresse pas du tout. Dans le dernier cas, inutile de les forcer, ce serait dommage que la lithothérapie soit vécue comme une contrainte. En revanche, rien ne vous empêche de déposer quelques pierres dans les pièces à vivre, afin que toute la famille en bénéficie, par exemple : la calcite bleue ou la calcédoine, qui encouragent toutes deux un dialogue fluide et dans le calme.

☆ Les animaux et les pierres

C'est un fait, les enfants sont plus sensibles que nous. Quant aux animaux, ils détiennent la palme d'or. Ils sont eux aussi très réceptifs et il n'y a aucune raison qu'ils ne profitent pas également des bienfaits des pierres.

Une difficulté peut toutefois se présenter : comment procéder ? Par exemple, déposez un gros morceau de pierre près de la niche de votre chien ou accrochez un pendentif au collier de votre chat. Vous pouvez aussi fabriquer des élixirs de minéraux.

Prendre soin de ses animaux

Autre possibilité : mettez une pierre roulée dans la gamelle d'eau de votre animal pendant la nuit, enlevez-la au petit matin, et le tour est joué ! Une pierre roulée dans la niche peut aussi convenir. Sachez que vos petits compagnons sont également sensibles aux pierres qui se trouvent dans votre habitat.

Notes

Accompagner *nos émotions et évoluer grâce aux pierres*

Nous l'avons vu au fil des précédents chapitres, les pierres exercent des influences énergétiques sur nos propres énergies. Elles ont le pouvoir d'ouvrir nos chakras et de moduler nos émotions. Leur travail est profond et salvateur, mais elles ne prendront pas les décisions à votre place. N'oubliez pas d'avancer main dans la main avec elles et en parallèle de rester acteur de votre vie, si vous souhaitez que les choses changent.

Je vais vous présenter ici les principales problématiques rencontrées dans le cadre de mon travail.

1

L'aspect émotionnel

Dans ce livre, je n'évoquerai pas l'impact des pierres sur le corps. C'est un choix volontaire de ma part car j'ai constaté que nombre de personnes abordaient leurs problèmes de santé à l'envers, ou de façon incomplète. Beaucoup veulent soulager leurs maux physiques, sans chercher la cause émotionnelle. Est-ce une solution durable ? Je ne le pense pas.

☆ Prendre en compte nos émotions

À noter

Prendre soin de son enveloppe charnelle est très important, mais veiller sur ses émotions l'est tout autant. Les deux sont indissociables. C'est pourquoi dans cet ouvrage et dans ma pratique, je privilégie l'approche émotionnelle, pour aller à la racine du mal et éviter les contournements.

Pour la plupart d'entre nous, il est plus confortable d'accepter l'idée que nous ne sommes pas responsables de nos maladies. Nous accusons la fatalité. Par conséquent, nous ne creusons pas en profondeur, le médecin pose un diagnostic et nous prescrit un traitement, qui fonctionne… ou pas. Votre maladie peut disparaître… et réapparaître.

Je n'affirme pas qu'il faille se détourner de la médecine, loin de là. Mais je pense très sincèrement que pour que son efficacité soit optimale, nous devons trouver la source de nos maux. Quelles sont les émotions à l'origine de l'expression de notre corps ? Prenons un exemple : votre hygiène de vie est irréprochable, vous faites du sport, vous avez une bonne alimentation et votre sommeil est réparateur, mais vous enchaînez les infections urinaires à répétition. Rien n'y fait, les spécialistes n'ont aucune réponse sur le plan physiologique. Vous buvez beaucoup d'eau, respectez les mesures d'hygiène, et pourtant les infections perdurent. D'un autre côté, il s'avère que vous nourrissez une rancune dévorante pour votre ex-conjoint(e) qui vous a quitté. Vous ne lui avez jamais pardonné, alors que des années se sont écoulées. Vous êtes rongé(e) par la colère, par un sentiment d'injustice et vous n'êtes pas apaisé(e). Dans ce cas précis, votre feu intérieur prend tellement de place qu'il finit par s'exprimer à travers le corps.

☆ Les pierres et le physique

Les pierres agissent-elles sur le corps ? Rendent-elles possible la guérison des maladies si on les porte sur soi ? La réponse est : oui et non ! Tout dépend de la manière dont vous allez utiliser les pierres. Nous l'avons vu précédemment, la guérison doit être envisagée d'une façon globale, et chercher à remplacer le médical par la lithothérapie n'est pas pertinent, et peut même s'avérer dangereux. Mais si vous réussissez à mettre le doigt sur le blocage énergétique et émotionnel à l'origine de votre mal, et que vous travaillez en conscience à le libérer (à l'aide des pierres adéquates), alors je pense que c'est possible. N'arrêtez jamais un traitement médical pour lui substituer les pierres, les deux n'interviennent pas sur le même plan (ne l'oubliez pas), mais ils peuvent cohabiter le temps de la guérison.
Les pierres viennent également apaiser nos douleurs physiques. J'en ai fait l'expérience et je ne suis pas la seule. L'une des plus connues dans ce sens est la malachite. Elle agit particulièrement bien sur tous les problèmes d'origine inflammatoire et spasmodique. Il suffit d'être à son contact ou de la poser sur la zone douloureuse. La citrine est également réputée pour calmer les douleurs d'estomac et de digestion. Mais comment tout cela fonctionne-t-il ?

Là encore, il s'agit d'énergétique. Les maux de ventre étant associés au chakra plexus, si une pierre vient stimuler cet endroit, il n'est pas impossible qu'une amélioration survienne. Les éléments chimiques que contiennent les pierres ont aussi un rayonnement et une influence. Par exemple l'hématite, très riche en fer, peut être utilisée en cas d'anémie. À elle seule elle ne réglera pas tout, mais elle apportera sa contribution, en favorisant, toujours sur le plan énergétique, l'assimilation du fer. Il est donc judicieux d'agir sur tous les plans à la fois (physique, énergétique, émotionnel). En même temps, gardez bien en tête qu'il faut prendre le problème à sa racine.

Conseil

J'ai constaté pas mal d'abus dans les livres sur le sujet, à propos de recettes miracles à base de pierres, en fonction des maladies. Les choses ne sont pas si simples. Je vous encourage plutôt à gérer et à accompagner vos émotions. Et par ce biais, vous pourrez noter une amélioration de certains problèmes physiques, les deux étant complètement liés.

2

Les problèmes de sommeil

Si nous avons des difficultés à nous endormir, c'est souvent parce que notre mental est trop actif, préoccupé par mille choses, souvent négatives...
De nos jours, s'apaiser est une tâche encore plus ardue, avec toutes les addictions aux réseaux sociaux, séries télévisées, et jeux vidéo. Il faudrait bien entendu faire un effort pour réduire ces mauvaises habitudes. Dix sphères de sélénite dans votre chambre ne pourront rien pour vous, si à minuit vous avez encore votre téléphone en main. Idem pour les enfants.

☆ Accompagner les adultes

Le chakra le plus sollicité lorsque nous sommes agités au moment de dormir est le 3e œil. En effet, il est relié au cerveau, au mental et à toute son activité. Le chakra est soit en partie bloqué, soit trop actif. Notre objectif sera de l'harmoniser. Certaines pierres du chakra cœur possèdent aussi un effet très apaisant. À vous de déterminer de quel ordre sont vos soucis. S'il s'agit de peines de cœur, que vous traversez un deuil ou quelque chose en lien avec l'affectif, tournez-vous plutôt vers des pierres du chakra cœur. Si vos préoccupations concernent le travail, l'organisation, la fameuse charge mentale, alors celles du chakra 3e œil seront plus indiquées.
Mais cela peut ne pas être suffisant. Il faudra dans ce cas également solliciter le chakra racine ou le chakra sacré, pour nous ramener dans notre corps, pour revenir les pieds sur terre. Vous éviterez ainsi les anticipations et les réflexions incessantes sur des problématiques futures ou passées. Les deux chakras inférieurs nous font revenir au moment présent, à l'ici et au maintenant.

Pour ce qui est de la marche à suivre, je vous recommande dans un premier temps d'essayer de vous relaxer, en vous déconnectant de tous les écrans ou autres sollicitations mentales. Ensuite, il faut une transition : au choix une méditation, même courte (guidée ou non), un peu de lecture, quelques minutes de yoga, de sophrologie ou de respiration consciente... Cette phase de calme devra s'effectuer au contact de l'énergie d'une pierre, qu'elle soit petite dans votre main, ou plus grande et située dans la pièce où vous vous trouvez. Dans un deuxième temps, mettez-vous en position pour dormir, et laissez-vous aller. Personnellement, je prends toujours une petite pierre dans la main, en plus des pierres disposées dans la chambre. Faites ce qui fonctionne le mieux pour vous. N'hésitez pas à prendre conscience de la pierre en la palpant ou en la visualisant dans votre chambre. Ainsi, vous établirez une connexion.

Certaines pierres du chakra couronne peuvent également apaiser. C'est le cas de l'opale violette et du jade lavande, pour ne citer qu'elles. En effet, la couleur violette a tendance à nous attirer au moment du coucher, elle est souvent associée aux rêves dans l'inconscient collectif. Mais, attention, cela ne signifie pas que toutes les pierres violettes conviennent. Par exemple, l'améthyste peut stimuler l'esprit et ouvrir notre champ de conscience. Et nous n'avons pas forcément besoin de cela pour dormir...

Mon rituel sommeil

Les bons réflexes :

- Éteindre la télévision deux heures avant de dormir ;
- Ajouter une étape de transition : yoga, lecture, méditation...

→ Les pierres qui m'accompagnent :

- ____________
- ____________
- ____________
- ____________
- ____________
- ____________
- ____________
- ____________

Pierres pour apaiser le mental au moment de dormir Chakra 3e œil	Pierres pour calmer les tumultes émotionnels Chakra cœur	Pierres pour ramener dans le moment présent Chakra racine Chakra sacré
Sélénite	Quartz rose	Tourmaline noire
Sodalite	Rhodochrosite	Bois fossile
Jade blanc	Manganocalcite	Quartz fumé
Opale dendritique	Jaspe kambaba	Agate
	Rhodonite	Pierre des fées
	Aventurine	Howlite

À noter

Comme en journée, essayez de ne pas utiliser plus de trois pierres à la fois. Normalement, une ou deux suffisent.

Même remarque pour les pierres bleu ciel, souvent associées à l'eau et au calme. N'oubliez pas que ce sont des pierres de communication, qui peuvent vous donner envie de vous exprimer au moment du coucher... et pour s'extérioriser et parler, il faut avoir des choses à dire, et donc de nombreuses pensées émergentes...

La lithothérapie s'expérimente, à vous de faire vos propres expériences.

Accompagner les enfants

Concernant le sommeil des enfants, la peur la plus récurrente est celle du noir et des « monstres », accompagnée de cauchemars et du besoin d'être rassuré.

Bien entendu, aucune pierre ne remplacera l'amour et la présence d'un papa ou d'une maman. Elles viendront juste apporter un coup de pouce supplémentaire. Il faut aussi accepter que les peurs enfantines fassent partie du développement naturel de vos enfants. Et en s'exprimant, elles se libèrent.

Les chakras concernés sont les mêmes que ceux des adultes : chakra du 3e œil, du cœur, avec éventuellement le soutien des pierres des chakras inférieurs, pour ramener l'énergie vers le bas du corps.

Soyez à l'écoute de vos enfants, parfois ils ont juste besoin de vous parler de leurs peurs et d'être rassurés.

Voici quelques pierres à l'énergie douce, particulièrement adaptées pour les enfants.

Pierres pour le sommeil des enfants	Propriétés
Quartz rose	Apaisement, douceur et sécurité
Jade blanc	Calme l'agitation, sommeil tranquille, sérénité
Sodalite	Apaise les peurs et les appréhensions
Sélénite	Aide à l'endormissement, apaisement
Quartz fumé	Stabilité émotionnelle, ancrage

Rituel de sommeil chez l'enfant

La plupart des enfants ont besoin de rituels partagés par leurs parents avant le coucher. Cela les rassure et leur assure un sommeil plus tranquille. Pourquoi ne pas personnaliser ce rituel de « bonne nuit » ?

Si votre enfant ressent vraiment des appréhensions au moment de dormir, installer une routine et une phase de transition, en compagnie des pierres, peut être la solution. Là aussi, à vous de trouver ce qui lui convient le mieux : histoires, méditation, respiration, chants...
Si vous possédez un bol tibétain ou de cristal, posez une pierre apaisante en son centre, et faites-le chanter dans la chambre. Au-delà du son très apaisant, les vibrations vont propager les énergies de la pierre dans la pièce.

Notes

3

La dépression

Plus de 300 millions de personnes dans le monde souffrent de dépression, quelle que soit l'intensité ou la durée de la maladie. Une déprime, passagère ou installée, doit être prise au sérieux. N'hésitez pas à demander une aide psychologique pour en comprendre l'origine. Soyez à l'écoute de vous-même. Sans compréhension, la guérison ne peut s'effectuer.

Accompagner les adultes

La dépression est une maladie très courante. Il n'est pas facile de s'en sortir seul, c'est pourquoi il faut en parler, ne pas craindre de déranger son entourage.

Lorsque nous sommes sujets à la déprime, nous ne sommes plus vraiment là, c'est comme si nous flottions au-dessus de notre corps et de notre vie. Nous sommes coupés de nos sensations, fatigués, las et tristes. Les burn-out dus à une trop grande pression au travail sont de plus en plus fréquents.

Il est important de se poser les bonnes questions et de mettre concrètement des actions en place, pour qu'un changement s'opère. Qu'est-ce qui ne me plaît pas dans ma vie ? Qu'est-ce que je veux changer ou dépasser ? En attendant, le règne minéral peut nous accompagner dans nos démarches et notre cheminement de prise de conscience. Les pierres du chakra racine nous reconnecteront à notre corps et à notre énergie vitale. Sans un bon enracinement, un arbre est susceptible de tomber à la moindre tempête. Les pierres du chakra sacré apporteront légèreté, joie et ouverture. Lorsque ce chakra est bloqué, nous ne sommes plus capables de ressentir la joie, ni d'aller vers les autres. Tout est figé.

À noter

Vous ne savez pas comment vous y prendre et par où commencer ? Sachez qu'il vaut mieux commencer par aborder les chakras inférieurs, puis à remonter vers le haut.

Le chakra plexus est le siège de notre pouvoir personnel. Lorsqu'il fonctionne correctement, nous sommes conscients de nos qualités, nous avançons d'un pas décidé dans la vie, et au contraire, lorsqu'il est affaibli, nous nous sentons toujours inférieurs aux autres et incapables. Nous avons une mauvaise image de nous.

- Les pierres de ce chakra peuvent nous donner la force de nous relever.
- Les pierres du chakra cœur pourront aider à guérir les blessures émotionnelles responsables de notre état (deuil, rupture amoureuse, etc.).
- Les pierres du chakra gorge nous permettent de savoir qui nous sommes et de ne pas avoir peur de l'exprimer et de l'incarner.
- Les pierres du chakra 3e œil viendront dissiper nos peurs et apaiser nos appréhensions.
- Enfin, les pierres du chakra couronne ouvriront notre conscience pour nous amener vers un sentiment d'unité et de vision plus large du monde.

De nombreuses solutions sont donc envisageables, d'où l'importance de cibler l'origine de votre mal, pour ne pas vous éparpiller. Il n'existe pas de recettes toutes prêtes, nous sommes tous différents.

Pour traverser une période difficile

1. Ciblez l'origine de votre mal : discussion avec les proches, encadrement thérapeutique avec un professionnel.

2. Posez-vous les bonnes questions, faites le point sur votre situation : que voudriez-vous changer chez vous et dans votre vie ? De quoi avez-vous réellement besoin pour avancer ?

3. Faites le choix de pierres adaptées. Vous pouvez vous référer au tableau en page suivante.

Voici quelques-unes des nombreuses pierres qui peuvent être adoptées en cas de déprime :

Bois fossile	Permet de se régénérer émotionnellement ; apporte calme et détente ; ancre dans le moment présent.
Grenat rouge	Redonne courage pour avancer dans la vie ; amène de l'énergie.
Pierre de soleil	Apporte joie et allégresse.
Cornaline	Apporte plus de joie ; aide à retrouver les sensations dans notre corps.
Citrine	Donne une vision plus optimiste de la vie ; donne confiance en soi.
Héliodore	Aide à retrouver son pouvoir personnel et à croire en soi.
Malachite	Favorise la stabilité émotionnelle, aide à reprendre confiance en la vie, à trouver le courage d'aller vers la guérison.
Rhodochrosite	Facilite la guérison émotionnelle, le pardon, la progression.
Aigue-marine	Aide à savoir qui nous sommes et à l'exprimer ; encourage à s'affirmer.
Sodalite	Calme les peurs et les appréhensions.
Améthyste	Aide à retrouver l'espoir et une vision d'un monde plus vaste.
Lépidolite	Éloigne le stress et les angoisses.

☆ Accompagner les enfants

Les enfants peuvent être touchés par la dépression, c'est même très courant à l'adolescence. Tous mes précédents conseils s'appliquent aussi à eux. Notez également que la méditation peut être d'une aide précieuse.

4

La confiance en soi

Vaste sujet que la confiance en soi… Nous sommes très nombreux à en manquer. Cette faille remonte souvent à l'enfance, une période où nous sommes vulnérables et en pleine construction de notre être.

✫ Accompagner les adultes

Comme pour les thématiques précédentes, votre manque de confiance en vous doit s'analyser. D'où vient-il ? Avez-vous été dévalorisé dans l'enfance ? Par vos parents ? Vos camarades ? Un professeur ? Qui a semé en vous la graine qui est aujourd'hui devenue une mauvaise herbe épineuse et tenace ?

Il s'agit non pas d'aller régler des comptes, mais de pouvoir regarder des situations passées avec plus de recul et de bienveillance envers vous-même. Ce peut être un très long travail, mais mieux vaut s'y atteler maintenant ! Rien ne justifie que vous vous sentiez inférieur aux autres. C'est une vision déformée de votre personne. Ceux que vous admirez sont juste plus confiants en eux. Et cette confiance, elle peut se reconstruire. Le premier pas à faire, c'est de le vouloir.

Dans cette problématique, le chakra concerné est celui du plexus (pouvoir personnel).
Il est parfois utile d'agir en parallèle sur le chakra racine (nos fondations), sur celui de la gorge (expression et affirmation) et sur le chakra sacré (acceptation de son corps). Mais la source du manque de confiance en soi réside bien au niveau du plexus.

Toutes les pierres du troisième chakra seront aptes à vous accompagner sur le chemin de l'estime de soi. Voici certaines des plus connues, que j'utilise beaucoup pour moi ou mes clients :

- **La citrine :** elle amène du dynamisme pour reprendre confiance en soi et aller de l'avant. Elle nous fait également gagner en optimisme, ce qui permet de regarder la vie sous un autre angle (attention aux contrefaçons, et aux améthystes chauffées et vendues comme d'authentiques citrines). Elle favorise la revalorisation intellectuelle.
- **L'œil-de-tigre :** son seul nom redonne confiance, n'est-ce pas ? Et son énergie est effectivement très sauvage, très dense. Elle nous apporte de l'assurance et du courage. Elle est utile lorsqu'on se sent faible et hésitant, et que les autres en profitent pour nous malmener. On la qualifie de « pierre de protection », mais n'oubliez pas que la meilleure des protections est l'estime de soi.
- **La bronzite :** pierre plus douce que l'œil-de-tigre, mais qui donne de très bons résultats à long terme. Elle est bénéfique pour les personnes qui n'osent pas s'imposer, qui font passer les besoins des autres après les leurs, qui ont toujours peur de déranger.

☆ Accompagner les enfants

Chez les enfants, le manque de confiance en soi est souvent très destructeur, avec des répercussions sur leur travail scolaire, mais aussi sur leur intégration sociale. Les enfants concernés sont souvent en difficulté scolaire, ou sont les souffre-douleur de leurs camarades. Il faudra bien entendu en déceler l'origine, et mettre en œuvre des actions valorisantes et une écoute attentive.

Au niveau des pierres, comme toujours, on choisira les plus douces, telles que la calcite miel, l'opale jaune ou la bronzite.

Notes

5

Développer son 3e œil

Il ne s'agit pas d'une émotion, mais je souhaite aborder cette thématique, car la demande est grande. En effet, nous sommes arrivés à une époque où les voiles se lèvent, les tabous disparaissent, et l'ésotérisme a le vent en poupe.
Grâce à Internet, l'information fuse. La spiritualité est accessible à tous et totalement vulgarisée. Ce phénomène a pour conséquence de donner l'envie d'en savoir plus et d'expérimenter toutes sortes de techniques, notamment la médiumnité.

Les risques

Le saviez-vous ?
En réalité, le 3e œil rayonne sur le devant et sur l'arrière de la tête. C'est la partie arrière qui est concernée par les perceptions extrasensorielles.

Développer son 3e œil, c'est accroître sa perception du monde invisible et ses intuitions. Si nous entrons en contact avec ce monde parallèle, nous devenons « médiums », et cette faculté peut se traduire de différentes manières : par les rêves, par la vue, par l'ouïe, par le ressenti, par l'écriture automatique ou intuitive, ou à travers les tarots et d'autres types d'intermédiaires.
Mais un risque survient, celui d'être confronté à des événements qui nous dépassent et nous font peur. Il faut être incroyablement stable psychologiquement pour ne pas craquer en entendant des voix la nuit ou en apercevant sa grand-mère sur le palier de sa chambre. Et qui dit stabilité dit… ancrage !

En effet, si nous sommes faibles et instables, non seulement cela peut attirer des esprits ou entités qui veulent profiter de cette vulnérabilité, mais en plus nous n'avons pas les épaules pour en assumer les conséquences. Ce qui s'avère dangereux au final.

Notes

Au-delà de cet aspect, cette démarche liée au 3e œil ne fonctionnera peut-être pas, tout simplement parce que cela ne fait pas partie de notre chemin de vie.
À chacun ses croyances, mais la mienne est de penser que certaines choses nous sont refusées pour nous protéger, ou parce que nous avons d'autres priorités. Développer sa médiumnité devrait être réservé aux personnes averties qui en font peut-être déjà leur métier ou s'y prédestinent.

✫ Les avantages

Si nous nous en tenons au développement de notre intuition, cette faculté peut être un véritable atout. L'intuition constitue notre 6e sens, qui nous guide et nous aide au quotidien, en nous permettant de faire les bons choix. C'est grâce à elle que nous savons qu'une personne de notre famille ne va pas bien sans l'avoir vue, ou que nous pouvons pressentir le sexe de notre futur bébé.
Dans les périodes charnières de notre vie, ou même en toutes circonstances, nous pouvons déjouer de nombreux problèmes, si nous arrivons à sentir qu'un choix n'est pas le bon. C'est ce qu'on appelle aussi l'instinct, et à son paroxysme, des prémonitions.

✫ Les pierres pour y arriver

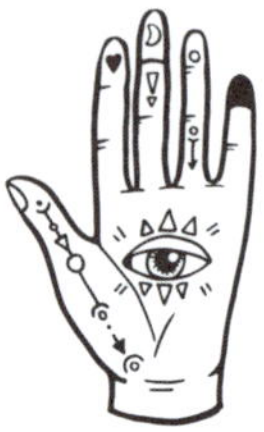

Si vous êtes bien décidé à explorer cette option, sachez donc qu'il vous sera utile de bien vous ancrer pour votre protection. Un bon ancrage, c'est un chakra racine grand ouvert.

Voici les pierres couramment utilisées par les médiums et autres acteurs du domaine de l'ésotérisme :

Tourmaline noire	Pierre puissante, à l'action rapide. Elle permet la verticalité de nos énergies. Elle apporte un ancrage fort, parfois trop intense pour certains.
Obsidienne œil céleste	Pierre d'enracinement profond et d'introspection. Elle permet une meilleure stabilité émotionnelle pour les personnes dites « éponges ».
Labradorite	Pierre d'ancrage profond, mais plus douce que les autres. Elle permet aussi un développement de l'intuition et aligne nos énergies.
Spinelle noire	Sûrement la plus puissante des quatre, elle apporte un ancrage profond et son énergie est très dense, parfois difficile à supporter pour certains. Idéale à porter pour un travail spécifique.

Si vous ne pratiquez pas de médiumnité, alors les autres pierres d'ancrage plus traditionnelles conviendront très bien, à partir du moment où vous avez bien les deux pieds sur terre.

Et enfin, voici une liste de pierres qui vous aidera à développer vos capacités, qu'elles soient en résonance avec le 3e œil, ou bien plus haut.

- Apatite bleue
- Améthyste
- Apophyllite
- Calcite optique
- Œil de faucon
- Moldavite
- Nuummite
- Opale noble
- Séraphinite
- Tanzanite

✯ Chez les enfants

Les enfants ont naturellement le chakra 3e œil très développé. Ils voient et entendent des choses que nous ne percevons pas toujours et il est important de les écouter quand ils nous relatent des faits qui nous semblent impossibles. Certains sont même apeurés dans leur sommeil à cause de certaines visions d'un autre monde. Si c'est le cas pour l'un de vos enfants, faites en sorte qu'il dorme avec une pierre d'ancrage telle que le quartz fumé, ou le bois fossile.

En grandissant, soit ils conserveront cette capacité et alors ils seront ce qu'on appelle « médium », soit ils ne verront plus rien et ne s'en rappelleront sûrement pas.

Dans tous les cas, ils apprécieront d'avoir été entendus plutôt que moqués ou décrédibilisés, quelles que soient nos croyances.

Rituel pour vous aider à ouvrir votre 3e œil

En méditation, il est possible de renforcer l'effet des minéraux en utilisant le mantra d'Ajna Chakra : « OM », tout en posant son attention sur la partie du front située entre les sourcils, au niveau de votre chakra.

Installez-vous dans un endroit calme et confortable.

Concentrez-vous sur votre respiration : inspirez par le nez en gonflant le ventre, et expirez toujours par le nez en rentrant l'abdomen.

Retirez-vous en votre for intérieur. Concentrez-vous sur votre 3e œil, et chantez le mantra OM pour chasser vos pensées parasites.

Vous pouvez placer une pierre à proximité pour vous imprégner de son énergie.

Notes

Notes

Remerciements

Je remercie en premier lieu mon mari, pour son soutien inconditionnel et son amour précieux.
Je remercie tous·te·s mes clients·te·s qui sont une source infinie d'expérience et d'épanouissement dans mon travail.
Je remercie Regina Martino, bioénergéticienne de talent, pour sa bienveillance et ses formations enrichissantes.
Et enfin, je remercie les éditions Secret d'étoiles de m'avoir donné la chance d'être publiée et de partager ma vision de la lithothérapie avec le grand public.

Crédits photographiques

Couverture : Shutterstock
Toutes les illustrations sont ©Shutterstock
©Margerie Dachelet : pp. 10, 31, 41, 45, 47, 48, 51, 52, 53, 56, 57, 58, 64, 72, 76.
©Audrey Obatake : pp. 27, 35.
©iStock : pp. 6, 13, 21, 33, 40, 63, 66, 69.
©Shutterstock : pp. 15, 16, 19, 26, 34, 54, 72, 75.

Direction : Guillaume Pô
Direction éditoriale : Élisabeth Pegeon
Édition : Chloé Herbin et Florine Jamroz
Préparation de copie : Nacima Bouzad
Direction artistique : Julie Mathieu
Couverture : Caroline Soulères
Mise en pages : Élise Bonhomme
Direction de fabrication : Thierry Dubus
Suivi de fabrication : Florence Bellot
Photogravure : SNO

Achevé d'imprimer par Interak en Pologne en décembre 2021.

Cet ouvrage est fabriqué à partir de matériaux provenant de forêts certifiées FSC® bien gérées, d'encres végétales et d'autres sources contrôlées garantissant la démarche de développement durable de l'éditeur. Les éditions Secret d'étoiles utilisent des papiers composés de fibres naturelles, renouvelables, recyclables et fabriquées à partir de bois issu de forêts qui adoptent un système d'aménagement durable. Par le choix de ses fournisseurs et par ses actions quotidiennes, les éditions Secret d'étoiles s'engagent à diminuer leur impact environnemental.

FSC www.fsc.org
MIXTE
Papier issu de sources responsables
FSC® C015559